THE MYSTIC CALL

LA LLAMADA MÍSTICA

STORY BY:
CUENTO POR:
MARÍA LUISA RETANA

ILLUSTRATED BY:
ILUSTRADO POR:
STEVE BOVÉE

To my friend, Helen Suby, in gratitude for years of unconditional friendship.

A mi amiga, Helen Suby, en gratitud por los años de amistad incondicional.

M.L.R.

For those who love words and pictures.
Para aquellos que aman las palabras y los dibujos.

S.B.

The author acknowledges the support given by her husband, Guillermo, and her children, Ismael, Talía Alina, and Ludim during her involvement with this project.

Special Thanks are given to the Friends of the San Pedro River staff for their valuable information to form an accurate creation of this story. To the river and its surroundings that were used as a setting for the story, which is based on a Cuban legend told to the author by her grandmother.

To Diane Fahrner for her constant support, encouragement and for formatting The Mystic Call/La llamada mística for different e-readers.

The illustrator, Steve Bovée would like to thank his mother, without whom he would never have been born.

High Desert Productions http://www.mariaretanabooks.com

Reading opens worlds.
Start now!

María L. Retana

During the monsoon rains of summer, the San Pedro River in Southeastern Arizona is full of life. Throughout the day, creatures young and old come by for a refreshing drink of water. Butterflies and dragonflies dance and sip nectar from wildflowers by the river bank.

Durante las lluvias torrenciales de verano, el Río San Pedro del sureste de Arizona está lleno de vida. Durante el día, criaturas jóvenes y viejas también vienen para tomar un refrescante trago de agua. A la orilla del río las mariposas y caballitos del diablo liban néctar de las flores silvestres.

Today, strangely enough, the cottonwoods and willows seem to call out only to the younger creatures.

Extrañamente hoy, los álamos y sauces parece ser que sólo llaman a las criaturas jóvenes.

It is this mystic call that makes Spotty, a two-month-old fawn, turn his head while grazing by his mother's side. The doe is aware of the potential danger, for as a fawn, she was also taken by the same magic spell.

Es esta llamada mística la que hace que Pintico, un venadito de dos meses de edad, vire la cabecita mientras come al lado de su madre. La venada está de sobreaviso al peligro que se avecina, ya que cuando era venadita, también ella fue arrastrada por el mismo hechizo mágico.

Suddenly, before she can move, she feels very tired and lies to rest under a mesquite tree. Spotty looks at his mother very confused. The doe, before falling into an unnatural sleep, says urgently to her son, "Do not cross the river all by yourself; there is a giant magnet, which humans call "quicksand," living in the bottom of the river. It will pull your legs under, and down you will go." The mother, like an echo, faintly says, "You will be its prisoner forever...ever...er..."

De pronto, antes de que se pueda mover, se siente muy cansada y se acuesta bajo un árbol de mesquite. Pintico mira a su madre muy confundido. La venada, antes de caer en un sueño forzado, le dice urgentemente a su hijo: -no cruces el río tú solito; hay un imán gigantesco que los humanos llaman, "arena movediza" que vive en el fondo del río. Te halará tus patitas e irás hacia abajo. La madre, como un eco, dice débilmente, -Serás su prisionero por siempre...empre...e....

As soon as the doe is asleep, Spotty feels an irresistible need to walk toward the river.

Una vez que la venada se queda dormida, Pintico siente una necesidad irresistible de caminar hacia el río.

A coatimundi, a javelina, a skunk, a coyote, and a mountain lion, all of them about Spotty's age, come toward the same place, drawn by the same call.

Un Coatimundi, una javelina, un zorrillo, un coyote y un gato montés, todos ellos como de la edad de Pintico, vienen hacia el mismo lugar, atraídos por la misma llamada.

As they approach the river bank, they feel as though the magnet is pulling them toward the center of the river. They enter, leaving their tracks behind.

Mientras se acercan a la ribera del río, sienten como si el imán los estuviera arrastrando hacia el medio del río. Entran, dejando sus huellas detrás.

Spotty is the first to step into the water, splashing a little bit here and a little bit there.

Pintico es el primero que se adentra en el agua, chapoteando un poquito aquí y otro poquito allá.

Then, as he is drawn to the center of the river, the coatimundi starts the circle in a clockwise direction.

Entonces, mientras es atraído hacia el medio del río, el coatimundi empieza el círculo en forma de reloj.

The javelina, the skunk, the coyote, and lastly, the mountain lion follow the circle's magnetic current until the weird attraction stops. But by now, the animals are sinking. Their feet and legs are stuck in the quicksand. They cannot move. They can't escape the power of it.

La javelina, el zorrillo, el coyote y, por último, el gato montés, siguen la corriente del círculo magnético hasta que la rara atracción cesa. Pero para ese entonces, los animales están hundiéndose. Sus patas y piernas están atascadas en la arena movediza. No pueden moverse. No pueden escapar su poder.

An old owl has been watching at the river. From a nearby willow he has also heard the call. However, he has been able to keep himself away from its spell. Perhaps because of his ability to fly, the earth does not call him so strongly. Therefore, he is able to liberate himself without much effort.

Un búho viejo ha estado mirando el río. Desde un cercano sauce él también ha oído la llamada. Mas sin embargo, ha podido mantenerse alejado del hechizo. Tal vez por su habilidad de volar, la tierra no lo llama tan vehemente. Por eso, puede liberarse sin mucho esfuerzo.

By this time the sun is sinking and the owl, knowing the danger that his river friends are facing, flies quickly to get help.

Para este entonces el sol está metiéndose y el búho, sabiendo del peligro en que se encuentran sus amigos, vuela rápidamente a buscar ayuda.

The owl finds the young animals' mothers asleep under the mesquite tree. They seem not to remember that they have little ones to care for.

El búho encuentra a las madres de los animalitos dormidas bajo el árbol de mesquite. Pareciera que no recordaran tener pequeñitos a quién cuidar.

Very gently, he touches each mother with the tips of his wings, waking them from their spell.

Con mucha delicadeza toca, con las puntas de sus alas, a cada madre, despertándolas de su hechizo.

There children are gone! Desperately, they search for them. "Your children are at the river and in danger!" screeches the owl.

¡Sus hijos han desaparecido! Desesperadamente los buscan. -¡Sus hijos están en el río y en peligro! chilla el búho.

They rush to the river bank, guided by the North Star.

Se apreduran a la ribera del río, guiados por la Estrella del Norte.

By the time they arrive their little ones are buried up to their shoulders. They have been clinging to a chain of Nectar Bats, who have flown to help.

Para cuando llegan los pequeñitos están enterrados hasta los hombros. Han estado arreguindados a una cadena de Murciélagos Néctar, quienes han volado para ayudarlos.

The mothers assemble and demand their children's freedom by growling: "Free our children or we will drink all the water from the river, leaving you, Quicksand, without a home."

Las madres se reúnen y demandan la libertad de sus hijos al gruñir: -libera a nuestros hijos o nos tomaremos toda el agua del río, dejándote a ti, Arena Movediza, sin hogar.

As magical as their capture had been, they are suddenly released and, with their mothers, leave the river.

Tan mágica como fue su captura, es su liberación y, con sus madres dejan el río.

In a moonlit clearing on the other side of the cottonwoods and willows, they say goodnight to each other. It is as if it all had been a dream. They remember nothing of the mystic call.

En un claro de luna del otro lado de los álamos y los sauces, se dan las buenas noches los unos a los otros. Es como si todo hubiera sido un sueño. No recuerdan nada sobre la llamada mística.

Only the wise old owl remembers, for he was never under its spell.

Sólo el sabio búho viejo la recuerda, ya que él nunca estuvo bajo su hechizo.

About the Author/Sobre la Autora

María Luisa Retana was born in Cuba. She received her B.A. in Spanish and Comparative Literature from the University of California, Riverside. She has worked extensively with children of all ages in scholastic and cultural events as well as in theater. She is the author of fifteen published bilingual children's books and also a literary presenter for students, teachers, librarians, and parents. On December 2008 Mrs. Retana received her first literacy award given by the International Reading Association and the Cochise Area Council.

María Luisa Retana nació en Cuba. Se recibió con una Licenciatura en Literatura Española y Comparada de la Universidad de California en Riverside. Ha trabajado extensamente con niños de todas las edades en eventos escolares y culturales, e igualmente en teatro. Es la autora de quince libros bilingües para niños y es también presentadora literaria para estudiantes, maestros, bibliotecarios y padres. En diciembre del 2008 la Sra. Retana recibió su primer premio literario dado por The International Reading Association y por The Cochise Area Council.

About the illustrator/ Sobre el ilustrador

Steve Bovée is a writer, an artist, and a well accomplished cartoonist. He lives in Bisbee, Arizona.

Steve Bovée es escritor, artista y un caricaturista muy reconocido. Vive en Bisbee, Arizona.